# 1994
# - das beste Jahr

## 94 unterhaltsame Fakten aus 1994

# Widmung

Dieses Buch ist für alle ***94er***. Jede Seite soll euch ein Lächeln schenken, Erinnerungen wecken und euch auf eine unterhaltsame Reise durch euer Geburtsjahr mitnehmen.

Viel Spaß beim Lesen und Erleben der unvergesslichen Momente von ***1994***! ☺

# Einleitung

Willkommen im Jahr ***1994*** - dem Jahr, in dem die Welt ein neues Level an Coolness erreichte! Dies ist keine gewöhnliche Reise durch die Zeit, sondern eine atemberaubende Expedition in das aufregendste Jahr aller Zeiten. Du hast richtig gehört, 1994 war zweifellos das beste Jahr weshalb wir dir in diesem Buch ***94 unwiderstehliche Fakten*** präsentieren werden.

1994 war wie ein wild gemixter Cocktail aus erstaunlichen Ereignissen, kultigen Filmen, revolutionären technologischen Durchbrüchen, legendären Musikhits und noch viel mehr. Wenn die 90er Jahre ein Pizza-Topping wären, dann wäre 1994 definitiv der extra-käsige Rand nach dem jeder greift!

Mach dich bereit, in die Vergangenheit zu reisen und das Jahr zu erkunden. Wir werden durch die aufregenden Höhepunkte von 1994 gleiten, von den legendären Popkulturmomenten bis hin zu den technologischen Durchbrüchen, die die Welt verändert haben. Wir präsentieren dir unsere Zeitkapsel, ein Beweis dafür, dass 1994 das coolste Jahr aller Zeiten ist.

Bist du bereit, dich in eine Zeit zu begeben, in der das Internet langsam und die Power Rangers unsere Helden waren? Dann schnall dich an, denn wir brechen auf zu einer Zeitreise, die so unterhaltsam ist, dass du am Ende dieses Buchs sagen wirst:

"1994 ist wirklich das beste Jahr aller Zeiten!"

# Inhalt

# Weltgeschehen

Willkommen in unserem Kapitel ***"Weltgeschehen"*** des Jahres ***1994*** - dem Jahr, in dem die Welt so viele erstaunliche Dinge erlebte, dass es schwer vorstellbar ist, wie all das in nur einem Jahr passieren konnte! Bereit für eine Zeitreise, die dir den Atem rauben wird?

1994 war das Jahr, in dem das Weltgeschehen sich in atemberaubender Geschwindigkeit entwickelte. Von historischen politischen Ereignissen bis hin zu aufsehenerregenden kulturellen Veränderungen - dieses Jahr hatte einfach alles. Und was noch besser ist, du wirst hautnah dabei sein, wenn wir diese aufregende Zeit wieder erleben. Du wirst erfahren wie Nelson Mandela die Welt bewegte als er Präsident wurde und wie die Raumfähre Discovery in den Himmel abhob. Wir werden über die bahnbrechende Eröffnung des Eurotunnels erfahren und uns in die Anfänge des Online-Banking begeben. Aber das ist noch nicht alles - wir werden in das Jahr eintauchen wie nie zuvor. Du wirst dich fühlen, als wärst du wieder mitten im Geschehen.

Bist du bereit, dich auf eine turbulente Reise durch das Jahr 1994 zu begeben? Wir versprechen dir, dass du am Ende dieser Reise denkst:

"Wow, 1994 war wirklich ein Jahr, das Geschichte schrieb!"

*...jetzt aber genug bla bla. Los geht's!*

*(*nicht maßstabsgetreu)*

## 1. Premiere des Films "Der König der Löwen"

1994, das Jahr, in dem wir alle gelernt haben, dass Löwen singen können und Warzenschweine Lebensphilosophen sind. Während Simba auf der Leinwand versuchte, seinen Platz im Kreis des Lebens zu finden, fanden wir unseren Platz im Kreis der ewigen Fans dieses Meisterwerks. Und seien wir ehrlich, wer von uns hat nicht versucht, ein Tier hochzuheben und dabei "Nants ingonyama bagithi Baba" zu singen? (Was übrigens "Da kommt ein Löwe, Vater" bedeutet. Ja, wir haben es gegoogelt.) Also, welcher Charakter bist du? Der sorglose Timon, der stets hungrige Pumbaa oder doch der weise Mufasa? Mach jetzt das Quiz und finde heraus, wer du in der Savanne wärst!
Spoiler-Alarm: Niemand will Scar sein. Niemand.

***Quiz (jeweils eins ankreuzen):***

*1. Es ist Freitagabend. Was sind deine Pläne?*
*A) Ich rufe meine Freunde an – es ist Zeit für ein Abenteuer!*
*B) Ich lese ein Buch über die Philosophie des Lebens.*
*C) Ich plane das perfekte Verbrechen... äh, ich meine, ich schmiede Pläne für die nächste Woche.*
*D) Essen, schlafen und... habe ich essen schon erwähnt?*

*2. Wähle dein Motto:*
*A) "Keine Sorge, wird schon schiefgehen!"*
*B) "Der Vergangenheit kann man nicht entfliehen, aber man kann von ihr lernen."*
*C) "Macht ist nicht alles, aber ohne Macht ist alles nichts."*
*D) "Ein gutes Nickerchen und ein voller Bauch lösen jedes Problem."*

*3. Was ist deine Lieblingsbeschäftigung in der Gruppe?*
*A) Die Führung übernehmen und alle zum Lachen bringen.*
*B) Weise Ratschläge geben und die Jungen lehren.*
*C) Im Hintergrund bleiben und alles beobachten.*
*D) Den Überblick über die Snacks behalten und sicherstellen, dass alle genug zu essen haben.*

*4. Wie gehst du mit Konflikten um?*
*A) Ich singe ein fröhliches Lied und hoffe, dass der Konflikt sich auflöst.*
*B) Ich reflektiere und suche nach einer tiefgründigen Lösung.*
*C) Ich manipuliere die Situation zu meinen Gunsten.*
*D) Ich entferne mich unauffällig, besonders wenn es nichts zu essen gibt.*

*4. Wähle ein Essen:*
*A) Etwas Exotisches und Abenteuerliches – vielleicht Insekten-Sushi?*
*B) Eine ausgewogene, gesunde Mahlzeit, die mir Energie für den ganzen Tag gibt.*
*C) Ein edles, feines Dinner bei Kerzenschein – alleine.*
*D) Alles, solange es in großen Mengen kommt.*

*...die Antwort findest du auf der nächsten Seite ☺*

***Mehrheit A:***
*Du bist Timon! Du nimmst das Leben nicht zu ernst und weißt, wie du das Beste aus jeder Situation machst. Dein Optimismus und Humor sind ansteckend.*

***Mehrheit B:***
*Du bist Mufasa! Geboren, um zu führen und zu inspirieren, bist du die Stimme der Vernunft und Weisheit in deinem Freundeskreis.*

***Mehrheit C:***
*Du bist Scar. Äh, wir meinen natürlich, du bist... strategisch! Ja, genau das. Du denkst immer zwei Schritte voraus und bist bereit, für deine Ziele zu kämpfen.*

***Mehrheit D:***
*Du bist Pumbaa! Ein herzensguter Freund, der immer für eine gute Mahlzeit und ein Schläfchen zu haben ist. Du weißt, was im Leben wirklich wichtig ist: Essen, Freundschaft und noch mehr Essen.*

## 2. Markteinführung der ersten PlayStation

1994 war das Jahr, in dem Sony beschloss, die Welt der Videospiele auf den Kopf zu stellen – und uns mit der ersten PlayStation beschenkte. Stell dir vor: Du sitzt in deinem Zimmer, das Licht gedimmt, der Teppich riecht nach den 90ern (was auch immer das bedeutet) und plötzlich ertönen die himmlischen Klänge des PlayStation-Startbildschirms. Es war, als hätte man Zugang zu einer anderen Dimension – und in gewisser Weise war es das auch. Plötzlich waren Spiele in 3D und unsere Daumen bekamen mit den neuen Controllern mehr Workout als jemals zuvor. Crash Bandicoot drehte sich in unsere Herzen und Lara Croft natürlich auch. Welches war dein erstes Spiel? Und wie viele Controller hast du in hitzigen Gaming-Sessions tatsächlich zerstört? (Keine Sorge, wir werden es nicht weitererzählen.)

***Anzahl zerstörter Controller:***

☐ *0 (gelogen)*

☐ *1-3 vielleicht*

☐ *3-10 (mehr aber wirklich nicht!)*

☐ *über 10 (ich gibs ja zu)*

## 3. Michael Schumacher wird Formel-1-Weltmeister

1994 war das Jahr in dem Michael Schumacher, Deutschlands Rennsportlegende, zum ersten Mal Formel-1-Weltmeister wurde. Ein Moment der in die Geschichte einging und Millionen von Motorsportfans begeisterte. Mit Reifen, die mehr quietschten als eine Schulklasse während eines Ausflugs, raste Schumi über die Ziellinie und in unsere Herzen.

Es war der Beginn einer Ära, die den Motorsport geprägt hat. Schumacher, bekannt für seine unglaubliche Konzentration und seinen eisernen Willen, zeigte während der gesamten Saison eine beeindruckende Leistung. Schumi‘s Erfolg im Jahre 1994 war der Startschuss für eine Karriere, die ihn zum Rekordweltmeister machen sollte. Die Liste seiner Weltmeistertitel liest sich wie die Inhaltsangabe eines epischen Sportromans:

***Schumis WM-Titel:***

*__1994__, 1995, 2000, 2001, 2002, 2003, 2004*
*(klausurrelevant! bitte auswendig lernen)*

## 4. Gründung von Amazon

Bevor wir mit einem Klick Berge von Paketen an unsere Haustür liefern lassen konnten, mussten wir 1994 noch selbst in den Buchladen gehen. Stell dir vor! Doch dann kam Jeff Bezos und sagte: "Bücher? Ich habe eine Idee!" Und so wurde Amazon aus der Taufe gehoben - zunächst als Online-Buchhandlung, die später zu einer Einkaufsrevolution anwachsen sollte. Gleichzeitig, auf der anderen Seite des Globus, dachte sich Jack Ma: "Was die können, kann ich schon lange!" und legte den Grundstein für Alibaba, das Imperium des Online-Handels in China. Beide Unternehmen starteten ihre Reise in bescheidenen Verhältnissen. Heute sind sie Giganten, die uns lehren: Mit einer guten Idee und einer Internetverbindung kannst du die Welt erobern... oder zumindest das Einkaufsverhalten der Menschheit verändern.

***Wo kaufst du lieber ein? Setze dein Kreuzchen: ---X--------***

~~*Team Edward* ♡~~ ~~*Team Jacob* ♡~~

***Team Amazon*** ***Team Alibaba***

---------------------------------------------------------------------------

☐ ***Team keins von beiden*** ☺

## 5. Brasilien gewinnt die Fußball-Weltmeisterschaft

Sommer '94 – der Fußball landet im Land der Baseball-Caps und Cheeseburgers: den USA. Eine Fußball-WM, die so bunt war wie die dortigen Diner-Schilder. Deutschland, frisch gebackener Weltmeister von '90, kam mit großen Träumen und noch größeren Schulterpolstern in den Trikots. Während die Mannschaft auf dem Platz kämpfte, kämpften die Fans zu Hause mit der Zeitverschiebung. Deutschland zeigte Größe, aber auch andere Teams wollten den amerikanischen Traum leben. Deutschland erreichte das Viertelfinale der FIFA Fußball-Weltmeisterschaft in den USA, wurde jedoch von Bulgarien überraschend aus dem Turnier geworfen. Am Ende tanzten die Brasilianer Samba mit dem Pokal und wir alle lernten: Fußball und die USA – das passt zusammen wie Popcorn und Kino. Von Klinsmanns Flugeinlagen bis zu Bodos Paraden – diese WM hatte alles. Sogar Diana Ross trat auf und zeigte, dass selbst Superstars mal danebentreten können (die Sängerin verschoss bei ihrem Live-Auftritt an der Eröffnungsfeier einen Elfmeter – unbedingt auf YouTube nachschauen!). Also feiere die WM, die uns lehrte: Fußball ist international, und Deutschland ist immer irgendwie dabei.

## 6. Start der Raumfähre Discovery

1994, das Jahr, in dem die Raumfähre Discovery beschloss, mal eben einen Abstecher ins All zu machen. Die Mission? Einfach mal das Hubble-Weltraumteleskop reparieren. Kein großer Deal, nur eben mal Weltraumgeschichte schreiben. Stell dir vor, du bist Astronaut und deine Aufgabe ist es, im All herumzuschweben und dabei bahnbrechende Reparaturen durchzuführen. Wie cool ist das bitte?

***Bewerte den Coolness-Faktor dieser Mission:***

- ☐ *cooli*
- ☐ *sehr cooli*
- ☐ *ultra cooli*

## 7. Einführung des ersten Online-Banking-Dienstes

1994, das Jahr, in dem Banken sagten: "Wisst ihr was? Kommt nicht zu uns, wir kommen zu euch – über eure Bildschirme!" Die Einführung des ersten Online-Banking-Dienstes war eine echte Revolution. Vorbei waren die Zeiten, in denen man sich in Schlangen vor der Bank langweilte, nur um den Kontostand zu überprüfen. Jetzt konnte man das in Unterwäsche vom eigenen Sofa aus machen – eine echte Errungenschaft der Zivilisation! Aber seien wir ehrlich, wer von uns hat nicht mindestens einmal das Passwort vergessen und sich ausgesperrt? Online-Banking war nicht nur bequem, es war auch der Beginn einer Ära, in der wir lernten, dass Finanzen und Internet eine ziemlich praktische Kombi sind.

***Wie oft hast du dich online schon ausgesperrt?***

☐ *0-mal (gelogen)*

☐ *1- bis 3-mal vielleicht*

## 8. Eröffnung des Eurotunnels

1994 war das Jahr, in dem Großbritannien und Frankreich beschlossen, Nachbarn durch einen Tunnel zu werden. Die Eröffnung des Eurotunnels war wie eine Einladung zu einer unterirdischen Party, nur ohne Musik und mit viel mehr Zügen. Plötzlich war das Reisen zwischen den Ländern so einfach wie ein Spaziergang, nur dass man dafür einen Zug nahm. Der Eurotunnel ist nicht nur ein Meisterwerk der Ingenieurskunst, sondern auch ein Symbol für Verbindung und Zusammenarbeit. Ob für eine spontane Reise nach Paris oder zum Fish-and-Chips-Essen in London – der Eurotunnel machte es möglich.

***Was ist dein Must-Have für die ultimative Eurotunnel-Fahrt?***

☐ ***Ein Fotoapparat*** *– um jeden Moment dieser historischen Zugfahrt festzuhalten.*

☐ ***Ein Französisch-Englisch Wörterbuch*** *– Kommunikation ist alles!*

☐ ***Einen Kapitänshut*** *– um das Gefühl zu haben, du steuerst das Schiff... äh, den Zug!*

## 9. Nelson Mandela wird Präsident von Südafrika

1994 war ein historisches Jahr für Südafrika – das Jahr, in dem Nelson Mandela, Symbolfigur des Kampfes gegen die Apartheid, zum Präsidenten gewählt wurde. Das war mehr als nur eine Wahl; es war ein Moment, der die Welt innehalten ließ. Stell dir vor: Ein Mann, der 27 Jahre im Gefängnis saß, wird zum Anführer einer Nation. Das ist nicht nur eine gute Story, das ist reale Inspiration!

Die ersten allgemeinen Wahlen in Südafrika waren ein Fest der Demokratie, ein Zeichen der Hoffnung und ein Beweis dafür, dass Veränderung möglich ist. Also, wenn du das nächste Mal denkst, deine Stimme zählt nicht – erinnere dich an 1994 in Südafrika.

## 10. Olympische Winterspiele in Lillehammer

1994, das Jahr, in dem die Olympischen Winterspiele in Lillehammer (Norwegen natürlich) zeigten, dass Wintersport mehr ist als nur frieren und heißen Kakao trinken. Eiskunstlauf, Biathlon, Bobfahren – es war, als hätte jemand die Winter-Wunderland-Box geöffnet. Tonya Harding und Nancy Kerrigan verkörperten das Eiskunstlauf-Drama, das später sogar verfilmt wurde („I, Tonya“) - besser als jede Seifenoper, mit echten Emotionen und unerwarteten Wendungen.

Die Begeisterung und die warme Gastfreundschaft der norwegischen Gastgeber waren spürbar. Jeder Wettkampftag brachte neue Geschichten von Heldentum, persönlichen Bestleistungen und Sportsgeist. Ob es die spannenden Skilanglaufduelle waren, die akrobatischen Skisprünge oder die rasanten Bobfahrten - jedes Event trug dazu bei, dass Lillehammer 1994 zu einer der legendärsten Olympiaden in der Geschichte wurde. Lillehammer '94 war somit nicht nur ein sportliches Ereignis - es war ein wahrhaftes Wintermärchen.

## 11. Woodstock '94

1994 brachte das Revival eines Giganten – Woodstock war zurück. 25 Jahre nach dem ikonischen Friedens- und Musikfestival von 1969, zog Woodstock '94 eine neue Generation in seinen Bann. Mit einem explosiven Line-up, das von Green Day bis Nine Inch Nails reichte, war es ein Rendezvous der Rocklegenden.

Aber es war nicht nur die Musik, die die Massen anzog – es war das Erlebnis. Matschschlachten wurden zur Festivalbestandteil und Flanellhemden fast schon zur Uniform. Woodstock '94 war mehr als ein Musikfestival; es war eine kulturelle Explosion, ein Ausdruck purer Lebensfreude. Das Festival wurde schnell zu einem Symbol für die 90er Jahre – geprägt von einer wilden Mischung aus Anarchie, Gemeinschaftssinn und kreativem Ausdruck. Es bewies, dass Woodstock's Geist auch in einer ganz anderen Ära lebendig bleiben konnte.

## 12. Einigung auf die globale Chemiewaffenkonvention

1994 war das Jahr, in dem die Welt sagte: "Hey, weißt du was? Chemiewaffen sind echt keine gute Idee." Mit der Einigung auf die globale Chemiewaffenkonvention nahmen die Länder einen großen Schritt in Richtung einer sichereren Welt. Diese historische Vereinbarung markierte einen Wendepunkt in der internationalen Sicherheitspolitik. Über 165 Staaten kamen zusammen, um ihr Einverständnis zu einem kompletten Verbot von Chemiewaffen zu erklären – eine klare und mächtige Antwort gegen die Schrecken, die solche Waffen hervorrufen können.

Diese Konvention war ein Beweis dafür, dass die Welt manchmal zusammenkommen und sagen kann: "Lass uns das nicht tun." Ein Moment, der uns daran erinnert, dass Zusammenarbeit und Vernunft über Grenzen hinweg möglich sind. Das Abkommen trat schließlich in Kraft und verpflichtete die Unterzeichnerstaaten, nicht nur die Herstellung und Weitergabe solcher Waffen zu unterlassen, sondern auch bestehende Vorräte zu zerstören. Also, wer sagt, dass man mit ernsten Themen keinen Fortschritt machen kann?

***Chemiewaffen?***

☑ *Nein, danke*

## 13. Baubeginn des Burj Al Arab in Dubai

1994, das Jahr, in dem Dubai beschloss: "Warum nicht ein Hotel bauen, das aussieht wie ein Segel in der Wüste?" Und so begann der Bau des Burj Al Arab, eines der luxuriösesten und ikonischsten Hotels der Welt.

Das Burj Al Arab wurde schnell ein Symbol für unübertroffenen Luxus. Mit seinem einzigartigen Design, das einem Segel nachempfunden ist, und seiner exklusiven Lage auf einer künstlichen Insel, setzte das Burj Al Arab neue Maßstäbe in der Welt der Luxushotellerie. Es war, als hätte jemand gesagt: "Lasst uns ein Gebäude bauen, das so luxuriös ist, dass selbst die reichsten Scheichs sagen: 'Wow, das ist aber nett!'"

Das Burj Al Arab ist nicht nur ein Hotel, es ist eine Legende, die die Grenzen von Extravaganz und Pracht neu definiert hat. Es verkörpert den Geist von Dubai – ambitioniert, futuristisch und unerschrocken in seinem Streben nach dem Außergewöhnlichen. Ein wahrhaftiger Traum aus Sand und Luxus, der bis heute Menschen aus aller Welt anzieht und inspiriert.

## 14. Erster deutscher Astronaut auf der russischen Raumstation

1994 brachte eine echte Premiere: Deutschland und Russland fanden im Weltraum zusammen – und nein, das ist nicht der Plot für einen Science-Fiction-Film, sondern real passiert. Ulf Merbold wurde der erste deutsche Astronaut, der auf einer russischen Raumstation, der Mir, zu Gast war.

Es war ein „Out of this world"-Job im wahrsten Sinne des Wortes! Seine Mission: Experimente in Schwerelosigkeit durchzuführen, die helfen sollten, das Leben auf der Erde besser zu verstehen.

Das Ganze war nicht nur ein technisches Wunderwerk, sondern auch ein symbolisches Zeichen für die Überwindung politischer und kultureller Barrieren. In einer Zeit, als die Welt noch den Kalten Krieg verarbeitete, zeigte diese Mission, wie gemeinsame Ziele alte Narben überwinden können.

***Und was wolltest du als Kind einmal werden?***

## 15. Weltbevölkerung 1994

Im Jahr 1994 erreichte die Weltbevölkerung einen bemerkenswerten Meilenstein: Sie überschritt die Schwelle von **5,6 Milliarden Menschen**. Dieses beeindruckende Wachstum zeigte die dynamische Entwicklung der globalen Gemeinschaft und warf gleichzeitig wichtige Fragen zu Themen wie Nachhaltigkeit und Ressourcenmanagement auf.

In Deutschland, einem der bevölkerungsreichsten Länder Europas, verzeichnete man 1994 eine Bevölkerungszahl von rund 81 Millionen Menschen. In Österreich lebten zur gleichen Zeit etwa 8 Millionen Menschen und in der Schweiz ungefähr 7 Millionen.

*Heute leben übrigens rund 8 Milliarden Menschen auf diesem Planeten, wovon*

- *ca. 84 Millionen in Deutschland*
- *ca. 9,2 in Österreich*
- *und ca. 9 Mio. in der Schweiz leben.*

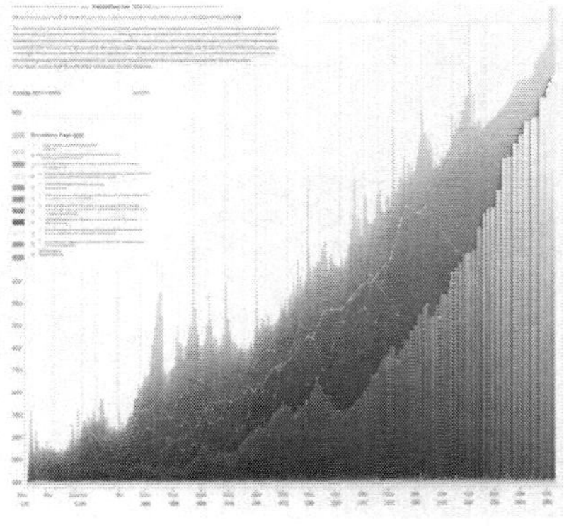

## 16. Beliebte Vornamen des Jahres in Deutschland

Im Jahre 1994 gab es in der Welt der Vornamen klare Trends in Deutschland. 1994 war definitiv ein Jahr, in dem traditionelle, aber zeitlose Namen die Herzen der Eltern eroberten.

Bei den Jungen führten Namen wie "Alexander", "Philipp", "Lukas", "Tim" und "Jan" die Hitlisten. Diese Namen, die eine Mischung aus klassischem Klang und zeitloser Eleganz bieten, waren bei neuen Eltern besonders gefragt.

Auf der Seite der Mädchen waren "Laura", "Julia", "Lena", "Sarah", und "Anna" die Favoriten. Diese Namen, die Weiblichkeit und Anmut verkörpern, spiegelten die Präferenzen einer Generation von Eltern wider, die Wert auf Klang und Bedeutung legten.

***Ist dein Name mit dabei?***

☐ *ja*

☐ *nein*

☐ *vielleicht* ☺

## 17. Erstes demokratisch gewähltes Parlament in Südkorea

1994 war ein historisches Jahr für Südkorea. Es war das Jahr, in dem das Land zum ersten Mal eine vollständig demokratische Parlamentswahl erlebte. Stell dir die Aufregung vor: Menschen aller Schichten gingen zur Wahlurne, um ihre Stimmen abzugeben – Stimmen, die wirklich zählten. Dies war kein normaler Gang zur Wahlurne; es war ein Marsch in Richtung einer hoffnungsvollen Zukunft.

Diese richtungsweisende Wahl markierte einen Meilenstein für die Demokratie in Südkorea und zeigte der Welt, dass Veränderung möglich ist. Die Wähler nutzten ihre neu gewonnene Macht, um positive Veränderungen voranzutreiben, was eine neue Ära des politischen Engagements in Südkorea einläutete. Also, wenn du das nächste Mal über die Macht des Einzelnen nachdenkst, erinnere dich an Südkorea 1994. Ein lebendiges Beispiel dafür, wie entschlossene Stimmen Geschichte schreiben können. Ein Triumph für die Demokratie weltweit.

## 18. Erste freie Parlamentswahlen in Russland

1994 markierte einen historischen Moment in Russland – die ersten freien Parlamentswahlen. Die Worte "Demokratie" und "Wahlen" wurden plötzlich Teil des russischen Vokabulars. Menschen strömten zu den Wahlurnen, um ihre Stimme abzugeben und die Zukunft ihres Landes mitzugestalten. Es war der Beginn eines neuen Kapitels in der russischen Geschichte und ein Beweis dafür, dass Veränderung möglich ist, wenn die Menschen zusammenkommen.

## 19. Gründung des Internetunternehmens Yahoo

1994, das Jahr, in dem zwei Typen namens Jerry und David dachten: "Das Internet braucht einen Wegweiser." Und so wurde Yahoo geboren. Damals war das Internet noch wie der Wilde Westen – jeder machte, was er wollte und niemand fand irgendwas. Dann kam Yahoo und wurde zum Kompass im digitalen Chaos. Suchen, Nachrichten, E-Mails – Yahoo war wie der beste Freund im Netz, der immer wusste, wo es langgeht. Wer hätte gedacht, dass aus einer Idee in einer Uni-Garage eines der größten Internetportale entstehen würde?

## 20. Festnahme des Kaufhauserpressers "Dagobert"

1994 schlug die Stunde für den gerissensten Kaufhauserpresser Deutschlands, als "Dagobert", der Meister des Versteckspiels, gefasst wurde. Stell dir einen Schurken vor, der so raffiniert war, dass er die Polizei auf Trab hielt, als wären sie Teil einer Entenhausener Verfolgungsjagd. Doch am 22. April endete das Versteckspiel. Dagobert Duck mag seine Taler in den Geldspeicher werfen, aber unser Dagobert landete hinter Gittern. Ein kriminalistisches Meisterwerk, das in die Annalen einging und zeigt: Auch die cleversten Bösewichte werden irgendwann geschnappt!

***Was wäre dein Verbrechername?***

☐ ***Captain Krypto*** – der moderne Dieb, der in der digitalen Welt genauso unauffindbar ist wie "Dagobert" in der realen

☐ ***Der Glitzer-Gauner*** – weil du alles stiehlst, was funkelt und glänzt, sogar die Show

☐ ***Der Taktische Taschendieb*** – Spezialist für schnelle Finger und schnelle Fluchten, immer mit einem Plan in der Tasche

☐ ***Der Retro-Räuber*** – zurück zu den Wurzeln mit einem Faible für alte Schätze und klassische Coups

☐ ***Blitz-Bandit*** – so schnell, dass die Sicherheitskameras nur noch Lichtblitze einfangen können

☐ ***Der Gentleman-Ganove*** – immer höflich, immer stilvoll, und die Beute? Immer gut gewählt und geschmackvoll

☐ ***Nebel-Navigator*** – unsichtbar wie der Morgendunst, hinterlässt du keine Spuren, nur leise Geschichten

☐ ***Der Flüsternde Filou*** – so leise wie ein Geheimnis, verführerisch und gefährlich

☐ **Der Lavendel-Lügner** – mit dem Duft von Lavendel und einer Prise Charme lässt du Herzen höher schlagen – und Wertsachen verschwinden

## 21. Boris Becker gewinnt die Australian Open

1994 war ein glanzvolles Jahr für Boris Becker, der die Australian Open gewann und sich damit seinen sechsten Grand Slam Titel sicherte. Dieser Triumph in Melbourne war nicht nur ein weiterer Meilenstein in Beckers beeindruckender Karriere, sondern auch ein Beweis seiner Stellung als einer der Titanen des Tennissports.

Bekannt für seine kraftvollen Aufschläge und seine Fähigkeit, unter Druck zu bestehen, zeigte Becker einmal mehr seine Weltklasse, indem er einige der besten Spieler der Welt besiegte. Sein Sieg war eine Demonstration seiner anhaltenden Relevanz und seines unermüdlichen Talents, die ihn zu einer Legende in der Tenniswelt gemacht haben.

Dieser Sieg in Australien verewigte Becker nicht nur als großartigen Spieler, sondern inspirierte auch zukünftige Generationen durch seinen Kampfgeist und seine sportliche Exzellenz.

## 22. Bayern München wird Deutscher Meister

1994 wurde Bayern München mal wieder Meister. Überraschung? Nicht wirklich. Freude? Nun, das hängt davon ab, wen man fragt. Für die Anhänger war es ein Grund zum Feiern, während der Rest der Fußballwelt seufzend zur Kenntnis nahm, dass der Fußballgigant mal wieder den Thron erklommen hatte.

Bayern München, das Team, das man entweder liebt oder... naja, sagen wir einfach, nicht jeder ist Fan. Aber eines muss man ihnen lassen: Sie wissen, wie man gewinnt. Und 1994 haben sie es wieder einmal bewiesen, sehr zur Freude der einen und zum Leidwesen der anderen. So ist das Spiel, so ist Fußball – und so ist Bayern München.

***Bayern Fan?***

☐ *klar!*

☐ *never!*

## 23. Komet Shoemaker-Levy 9 kollidiert mit dem Jupiter

1994 war auch das Jahr, in dem ein Komet namens Shoemaker-Levy 9 auf den Jupiter krachte. Das klingt nach einem Science-Fiction-Film, war aber Realität. Ein riesiger Komet, der in Stücke zerbrochen war, prallte nacheinander auf den Gasriesen-Jupiter. Es war wie ein kosmischer Feuerwerkskörper, der den Himmel erleuchtete. Dieses Ereignis erinnert daran, wie klein wir im Vergleich zum Universum sind und wie faszinierend das All sein kann.

***Wie würdest du einen Kometen benennen?***

~~*Shoemaker-Levy 10*~~

____________________________

## 24. Abzug der russischen Soldaten aus Deutschland

1994 endete das Kapitel des Kalten Krieges als die letzten russischen Truppen deutschen Boden verließen. Stell dir vor, wie ein jahrzehntelanges Tauziehen mit einer letzten Parade endet. Panzer rollen heimwärts, Uniformen verschwinden am Horizont. Es war nicht nur ein militärischer Abzug, es war das Aufdämmern einer neuen Ära der Hoffnung und des Friedens in Europa. Ein historischer Augenblick, der die internationale Bühne neu definierte und das "Spiel der Spione" in den Geschichtsbüchern verschwinden ließ.

## 25. Veröffentlichung des Films "Die Verurteilten"

1994 war auch das Jahr, in dem der Film "Die Verurteilten" (Originaltitel: "The Shawshank Redemption") in die Kinos kam. Dieses Meisterwerk der Kinogeschichte erzählte die bewegende Geschichte von Andy Dufresne und Red, zwei Insassen im Shawshank-Gefängnis. Mit einer fesselnden Handlung, brillanten Schauspielern und einer unvergesslichen Botschaft über Hoffnung und Freundschaft eroberte dieser Film die Herzen der Zuschauer weltweit. Es war ein Meilenstein des Kinos und ist heute als einer der besten Filme aller Zeiten anerkannt. Falls du ihn noch nicht gesehen hast, solltest du das unbedingt nachholen! (Jetzt sofort!)

***Schon geguckt?***

☐ *Na klar!*

☐ *Mach ich sofort!*

## 26. "Forrest Gump" Premiere

1994 fand die Premiere von "Forrest Gump" statt. Der Film erzählt die Geschichte von Forrest, einem einfachen Mann, der, ohne es wirklich zu beabsichtigen, zahlreiche außergewöhnliche Abenteuer erlebt.

"Forrest Gump" berührte unsere Herzen auf eine ganz einzigartige Weise. Er brachte uns zum Lachen mit Forrests naiver Weltsicht und zum Weinen mit den tiefgründigen emotionalen Momenten, die sich durch den gesamten Film zogen. Tom Hanks' Darstellung des Forrest war so lebendig und überzeugend, dass man nicht anders konnte, als den Charakter ins Herz zu schließen.

Der Film beinhaltet eine tiefe Reflexion über das Leben und die unvorhersehbaren Wechselfälle des Schicksals. Er erinnert uns daran, dass das Leben, trotz aller Planung, oft einen eigenen, unerwarteten Verlauf nimmt, der wunderbar und tief bewegend sein kann. Diese zeitlose Botschaft macht "Forrest Gump" zu einem dieser Filme, die man immer wieder anschauen möchte, um sich von Forrests Optimismus und Lebensfreude inspirieren zu lassen.

"Forrest Gump" ist nicht nur ein Film voller Abenteuer und Emotionen, sondern auch eine Quelle tiefer Lebensweisheiten. Jedes Zitat aus dem Film trägt eine besondere Botschaft in sich.

***Welches Zitat aus "Forrest Gump" spricht Dich am meisten an?***

☐ *"Das Leben ist wie eine Schachtel Pralinen, man weiß nie, was man bekommt."*

☐ *"Dumm ist der, der Dummes tut."*

☐ *"Man muss das Beste aus dem machen, was Gott einem gegeben hat."*

☐ *"Manchmal gibt es gar keinen besonderen Grund, warum passiert, was passiert."*

☐ *"Mir wurde gesagt, dass ich schnell laufen kann. Also renne ich."*

☐ *"Man muss manchmal die Vergangenheit hinter sich lassen, bevor man weitermachen kann."*

☐ *"Ich bin kein kluger Mann. Aber ich weiß, was Liebe ist."*

☐ *"Von weit weg betrachtet, sehen die Dinge ganz anders aus, Forrest."*

☐ *"Das Schöne daran, Schuhe zu putzen ist, dass man immer nach unten schaut und nie vergisst, wo man steht."*

# Popkultur und Lifestyle

Tauche ein in eine Welt voller cooler Trends, Hits und legendärer Momente - willkommen im Kapitel ***"Popkultur und Lifestyle"*** des Jahres ***1994***!

Hast du jemals darüber nachgedacht, wie großartig es wäre, noch einmal in den 90ern zu leben? Nun, lass uns gemeinsam in die Welt von 1994 eintauchen und herausfinden, warum dieses Jahr als eines der stilvollsten und kulturell bedeutendsten in die Geschichte eingegangen ist. Von den Anfängen der legendären Serie "Friends" bis zur unvergesslichen Veröffentlichung von "Pulp Fiction" war 1994 der Inbegriff von Coolness. Das alles und noch viel mehr erwartet dich in diesem Kapitel. Aber Moment mal, wir machen das nicht alleine. Wir wollen von dir wissen: "Welcher 94er Hit ist dein absolutes Guilty Pleasure?" Denn dieses Kapitel ist nicht nur eine Reise in die Vergangenheit, sondern auch eine Reise in deine persönlichen Erinnerungen.

Bist du bereit, den Style von 94 wiederzuentdecken und dich in die besten Hits und Trends dieses aufregenden Jahres zu stürzen? Dann schnall dich an, denn wir gehen auf eine Zeitreise, die du so schnell nicht vergessen wirst!

## 27. Die Hits des Jahres

1994 war ein Jahr voller musikalischer Höhepunkte, die auch heute noch für gute Laune und nostalgische Momente sorgen. Von Mariah Careys gefühlvoller Ballade "Without You" bis hin zum energiegeladenen "Cotton Eye Joe" von Rednex - die Musik von 1994 hatte für jeden etwas zu bieten.

***Mein 1994 Guilty Pleasure Hit:***

- ☐ *"Without You" von Mariah Carey*
- ☐ *"Cotton Eye Joe" von Rednex*
- ☐ *"Love Is All Around" von Wet Wet Wet*
- ☐ *"Everybody" von DJ BoBo*
- ☐ *"The Sign" von Ace of Base*
- ☐ *"All for Love" von Bryan Adams, Rod Stewart & Sting*
- ☐ *"7 Seconds" von Youssou N'Dour & Neneh Cherry*
- ☐ *"I Swear" von All-4-One*
- ☐ *"Zombie" von The Cranberries*

## 28. Erste Staffel von "Friends"

1994 hat die erste Staffel von "Friends" unsere Fernsehgewohnheiten für immer verändert. Ross, Rachel, Monica, Chandler, Joey und Phoebe wurden zu unseren besten Freunden und brachten jede Menge Lachen. Jede Episode in ihrem Stammcafé Central Perk und ihren ikonischen New Yorker Wohnungen bot eine perfekte Mischung aus Humor und herzlichen Momenten.

Diese sechs Freunde durchlebten zusammen die Höhen und Tiefen des Lebens in der Stadt, und mit ihnen lernten wir über Liebe, Freundschaft und die kleinen Freuden des Alltags. Ihre charmanten und oft chaotischen Abenteuer machten "Friends" zu einem festen Bestandteil unseres Lebens und prägten eine ganze Generation.

## 29. Premiere von "Pulp Fiction"

1994 veränderte "Pulp Fiction" die Filmwelt. Dieser Film brachte uns nicht nur einen Tanzwettbewerb mit John Travolta und Uma Thurman, sondern auch unvergessliche Dialoge und eine neue Art des Storytellings. Stell dir vor: du spielst mit deinem Super Soaker, während in den Kinos Samuel L. Jackson über Quarter Pounder mit Käse philosophiert. "Pulp Fiction" war nicht nur ein Film, es war eine Bewegung – cool, kultig und mit einem Soundtrack, der heute noch in jeder Nostalgie-Playlist zu finden ist.

*Welche Szene aus "Pulp Fiction" ist deine liebste? Ist es der Twist-Tanzwettbewerb, die Adrenalin-Spritze oder doch ein anderer Kultmoment?*

## 30. Erfolg der deutschen Band "Die Fantastischen Vier" mit dem Album "Die 4. Dimension"

1994 markierte einen bedeutenden Meilenstein in der deutschen Musikszene, als "Die Fantastischen Vier" mit ihrem Album "Die 4. Dimension" einen sensationellen Erfolg erzielten. Dieses Album hat nicht nur in die Annalen der deutschen Hip-Hop-Geschichte Einzug gehalten, sondern auch die Band fest in den Herzen der Fans verankert.

Mit ihren cleveren Texten, die Alltagssituationen und tiefgründige Themen aufgriffen, und den mitreißenden Beats, setzten sie neue Maßstäbe in der Musikindustrie. Ihre Lieder wie "Tag am Meer" und "Sie ist weg" wurden zu Hymnen einer ganzen Generation.

## 31. Veröffentlichung des Films "Der bewegte Mann"

1994 wurde die deutsche Filmwelt durch die Veröffentlichung von "Der bewegte Mann" bereichert, einer Komödie, die schnell Kultstatus erlangte. Eine humorvolle Geschichte, die geschickt mit Klischees und Vorurteilen spielt. Der Film, basierend auf den Comics von Ralf König, bot eine frische Perspektive auf Beziehungen und Geschlechterrollen und sorgte mit seiner lockeren Art für viel Gelächter. "Der bewegte Mann" wurde zu einem der erfolgreichsten deutschen Filme der 90er Jahre.

## 32. Beginn der Fernsehserie "Kommissar Rex"

1994 bellte sich ein neuer Star in die Herzen der Fernsehzuschauer: "Kommissar Rex", die Krimiserie mit dem wohl charismatischsten Polizeihund im deutschsprachigen Raum. Stell dir einen vierbeinigen Detektiv vor, der nicht nur Verbrecher jagt, sondern auch eine Schwäche für Leberkäse hat.

In dieser österreichischen Serie löste der schlaue Schäferhund Rex zusammen mit seinem menschlichen Partner knifflige Fälle, wobei er oft genug zeigte, dass Spürsinn nicht nur auf zwei Beinen daherkommt. Rex war nicht nur ein Polizeihund, er war ein Superheld auf vier Pfoten. Seine Fähigkeiten beim Aufspüren von Hinweisen und das Entlarven von Verbrechern waren legendär.

"Kommissar Rex" war mehr als nur eine Krimiserie; es war eine Liebeserklärung an alle Hundefreunde und Krimifans. Mit einer Mischung aus Spannung, Humor und herzerwärmenden Momenten zwischen Rex und seinem Team wurde die Serie schnell zu einem TV-Liebling. Wer hätte gedacht, dass das Anschauen eines Hundes, der durch Wien schnüffelt, so fesselnd sein könnte?

## 33. Veröffentlichung des Albums "Ill Communication" von den Beastie Boys

1994 war ein bahnbrechendes Jahr für die Beastie Boys, die mit ihrem Album "Ill Communication" die Musikszene nachhaltig prägten. Ihr innovativer Mix aus Rap, Punkrock und Funk setzte neue Maßstäbe und brachte eine frische Dynamik in die Welt der Musik.

Die Energie und das Talent, das die Beastie Boys in diesem Album zeigten, machten es zu einem Meilenstein ihrer Karriere und zu einem Highlight der 90er-Jahre Musik. "Ill Communication" zeichnet sich durch seine experimentellen Sounds und die geschickte Vermischung verschiedener musikalischer Stile aus. Dieses Album hat die Beastie Boys fest in der Musikgeschichte verankert und zeigt, dass echte Kunst keine Grenzen kennt.

## 34. MTV Europe Music Awards

1994 war das Jahr, in dem MTV Europe die ultimativen Musikpreise verlieh. Die MTV Europe Music Awards waren wie die Oscars der Popmusik, nur mit mehr Glitzer und weniger Smoking. Künstler aus allen Ecken des Globus versammelten sich, um zu sehen, wer die Trophäen mit nach Hause nehmen durfte. Es war wie eine wilde Party, bei der die Stars die Preise mit nach Hause nahmen und wir zu Hause vor dem Fernseher tanzten.

## 35. Premiere des Films "Dumm und Dümmer"

1994 spielten Jim Carrey und Jeff Daniels in "Dumm und Dümmer" die wohl dümmsten Helden aller Zeiten. Der Film war so doof, dass er schon wieder genial war. Wir haben gelacht, bis uns der Bauch wehtat und uns gefragt, wie zwei so dumme Typen überhaupt überleben konnten. Aber genau das machte den Film so großartig – er war so bescheuert, dass er schon wieder brillant war.

## 36. Veröffentlichung von "Soundgarden - Superunknown"

1994 war ein prägendes Jahr für die Musikszene, als Soundgarden ihr bahnbrechendes Album "Superunknown" veröffentlichten. Dieses Album brachte den charakteristischen Klang der 90er-Jahre in seiner ganzen Pracht und markierte einen Höhepunkt in der Ära des Grunge. Chris Cornell und Co. rockten unsere Flanellhemden und Doc Martens und führten uns in eine neue Ära des tiefgründigen Rocksounds.

Mit Hits wie "Black Hole Sun" und "Spoonman" bot das Album eine Palette an tiefen, kraftvollen Songs, die nicht nur kommerziell erfolgreich waren, sondern auch kritische Anerkennung fanden. Diese Tracks sind bis heute ikonisch und werden von Musikfans weltweit geliebt und geschätzt.

## 37. Kinostart von "Richi Rich"

Im Jahr 1994 betrat der wohl reichste Knirps der Filmgeschichte die Kinoleinwände: "Richie Rich". Dieser Familienfilm brachte uns die Geschichte des unglaublich wohlhabenden Jungen Richie, gespielt von Macaulay Culkin, der alles hatte – ein eigenes McDonald's im Haus, einen persönlichen Achterbahnzug im Hinterhof und mehr Spielzeug, als man sich vorstellen kann. Doch trotz seines Reichtums fehlte Richie das Wichtigste: echte Freunde.

Der Film war eine unterhaltsame Mischung aus Comedy, Abenteuer und ein bisschen Herzschmerz. Stell dir vor, du bist ein Kind mit unbegrenzten Ressourcen und der ganzen Welt zu Füßen, aber das Einzige, was ihr wirklich wollt, ist ein bisschen Normalität. "Richie Rich" war mehr als nur ein Film über einen reichen Jungen – es war eine Geschichte über Freundschaft, Familienwerte und das Erwachsenwerden.

Mit einer Prise Humor und einigen spannenden Wendungen war "Richie Rich" ein Film, der nicht nur Kinderträume von einem Leben im Überfluss anregte, sondern auch zeigte, dass Geld allein nicht glücklich macht. Ein wahrer Schatz der 90er-Jahre-Kinounterhaltung!

## 38. Premiere des Films "Léon - Der Profi"

1994 wurde der Film "Léon - Der Profi" veröffentlicht, ein Werk, das schnell zu einem Kultklassiker avancierte. Unter der Regie von Luc Besson entfaltet sich die Geschichte von Léon, einem einsamen Auftragskiller, gespielt von Jean Reno, der unfreiwillig zum Beschützer der jungen Mathilda wird, dargestellt von einer beeindruckend jungen Natalie Portman in ihrer ersten großen Filmrolle. Der Film besticht durch seine Mischung aus Spannung, Emotionalität und unerwartetem Humor, was ihn von anderen Filmen des Genres abhebt. Besonders bemerkenswert ist die dynamische Beziehung zwischen Léon und Mathilda, die sich in einer Welt voller Gefahren und moralischer Dilemmata entfaltet. "Léon - Der Profi" bleibt bis heute unvergessen für seine packende Handlung, die tiefgründigen Charaktere und die herausragende schauspielerische Leistung, insbesondere von Portman und Reno.

***Heute schon deine Zimmerpflanze abgestaubt?***
*(Film Insider)*

☐ *mach ich täglich*

## 39. Veröffentlichung von "Ready to Die" von The Notorious B.I.G.

1994 erschien "Ready to Die", das Debütalbum von The Notorious B.I.G., und es schlug ein wie eine Bombe im Hip-Hop-Universum. Biggie Smalls, mit seinem unverkennbaren Flow und tiefgründigen Texten, erzählte Geschichten aus dem Leben auf den Straßen Brooklyns und etablierte sich als eine der Ikonen des Rap. Dieses Album war der Beginn einer Ära, in der Biggie seinen Status als einer der größten Rapper aller Zeiten festigte – ein Vermächtnis, das bis heute nachhallt.

***Für alle, die in die Welt von Biggie Smalls eintauchen möchten, hier sind einige der bedeutendsten Hits von "Ready to Die":***

*"Juicy"*

*"Big Poppa"*

*"Warning"*

*"One More Chance"*

*"Gimme the Loot"*

## 40. Gründung der Band Rammstein

1994 erlebte die Musikwelt eine Erschütterung der besonderen Art: In einem Berliner Proberaum formierte sich Rammstein, eine Band, die nicht nur die deutsche Musikszene, sondern auch den internationalen Musikmarkt revolutionieren sollte. Mit ihrem einzigartigen Stil, der als "Neue Deutsche Härte" bekannt wurde, kombinierten sie harte Gitarrenriffs mit tiefgründigen, oft provokativen Texten und schufen so einen völlig neuen Musikstil.

Rammstein wurde schnell für ihre spektakulären Live-Shows bekannt, bei denen Feuer, Licht und Sound zu einem atemberaubenden audiovisuellen Erlebnis verschmelzen. Jedes Konzert ist ein ausgearbeitetes Spektakel, das die Sinne überwältigt und die Zuschauer in eine andere Welt entführt. Von ihren ersten explosiven Auftritten an wurde klar, dass Rammstein mehr als nur eine Band war – sie waren eine Performance-Kunst, die gesehen und erlebt werden muss.

Die Mitglieder der Band brachten eine Mischung aus künstlerischen Hintergründen und musikalischen Einflüssen mit, die ihren Sound und ihre Bühnenpräsenz einzigartig machten. Ihre Lieder, oft umstritten und voller Subtext, fordern das Publikum heraus und regen Diskussionen an, während ihre aufwändigen Bühnenshows die Grenzen dessen erweitern, was bei Live-Musikevents möglich ist.

Mit Hits wie "Du hast", "Engel" und "Sonne" hat Rammstein nicht nur Charts erobert, sondern auch eine treue weltweite Fangemeinde aufgebaut, die ihre Musik und ihre theatralischen Darbietungen schätzt. Ihr Einfluss auf die Rockmusik und die Kultur des Live-Performances bleibt unübertroffen.

## 41. Veröffentlichung des Albums "Definitely Maybe" von Oasis

1994 markierte ein Schlüsseljahr in der Musikgeschichte mit der Veröffentlichung von Oasis' Debütalbum "Definitely Maybe". Dieses Album katapultierte den Britpop an die Spitze und definierte den Sound der 90er neu. Angeführt von den Gallagher-Brüdern, brachte die Band aus Manchester Hits wie "Live Forever" und "Supersonic", die schnell zu Rockhymnen wurden.

"Definitely Maybe" war nicht nur musikalisch ein Durchbruch, sondern auch ein kulturelles Phänomen, das den britischen Rock weltweit neu belebte. Es symbolisierte eine Generation voller Energie und Selbstbewusstsein und bewies, dass Rock 'n' Roll lebendiger war denn je.

## 42. Veröffentlichung von "The Downward Spiral" von Nine Inch Nails

1994 war das Jahr, in dem Nine Inch Nails die Rockwelt mit "The Downward Spiral" in die Tiefe riss. Mit seinem düsteren Klangteppich und den intensiven Texten wurde es zum Soundtrack für alle, die ihre dunkle Seite umarmen wollten. Stell dir vor, Trent Reznor wäre der grimmige Dirigent eines Orchesters in schwarz, das mit jedem Song tiefer in die Psyche der 90er eindringt. Ein Album, das nicht nur die Wände der Indie-Clubs, sondern auch die Charts durchbohrte.

## 43. Premiere des Films "Interview mit einem Vampir"

1994 flatterte "Interview mit einem Vampir" in die Kinos und ließ die Herzen der Vampirfilm-Fans höherschlagen. Basierend auf dem gleichnamigen Bestseller von Anne Rice, präsentiert der Film eine faszinierende Erzählung aus der Sicht des Vampirs Louis, gespielt von Brad Pitt. An seiner Seite glänzte Tom Cruise in der Rolle des charismatischen und gefährlichen Lestat. Dieser Film war nicht nur ein visuelles Fest mit opulenten Kostümen und einer atemberaubenden Kulisse, sondern brachte auch eine neue Tiefe und Komplexität in die Darstellung von Vampiren im Kino. "Interview mit einem Vampir" wurde schnell zu einem Kultklassiker und beeinflusste maßgeblich das Genre der Vampirfilme.

## 44. Veröffentlichung des Albums "Monster" von R.E.M.

Als 1994 R.E.M.s "Monster" in die Plattenläden kam, war es so, als hätte jemand die '90er Jahre neu gestartet. Der Sound war so grungig, dass flanelltragende Teenager auf der ganzen Welt ihre Kassettenrekorder lauter drehten. In einer Welt voller Synthie-Pop und Balladen, brachte "Monster" den Rock zurück ins Rollen. "Monster" ist bekannt für Hits wie "What's the Frequency, Kenneth?" und "Bang and Blame" und bleibt ein signifikanter Eintrag in der Diskografie der Band.

## 45. Premiere des Films "Die Maske"

1994 eroberte Jim Carrey in "Die Maske" die Leinwand. Der Film war so durchgeknallt, dass sogar der Joker vor Neid erblasst wäre. Jim Carrey verwandelte sich in die ultimative Partykanone und wir haben uns gefragt, ob wir auch so coole Masken haben könnten. "Die Maske" war wie eine wilde Karnevalsparty im Kino und wir waren alle eingeladen.

## 46. Veröffentlichung von "The Blue Album" von Weezer

1994 war das Jahr, in dem Weezer mit ihrem Debütalbum "The Blue Album" die Musikwelt eroberten. Mit eingängigen Ohrwürmern wie "Buddy Holly" und "Say It Ain't So" wurde dieses Album schnell zur Hymne aller Garagenband-Enthusiasten und Indie-Rock-Fans. Das Album zeichnet sich nicht nur durch seine ikonische blaue Albumcover aus, sondern ist auch musikalisch Gold wert in der Geschichte des 90er-Jahre Rock.

"The Blue Album" bot eine perfekte Mischung aus Melodie und Ironie, gepaart mit den klugen Texten und dem unverwechselbaren Sound von Rivers Cuomo. Dieser Mix aus Pop-Sensibilität und rockigem Edge machte es zu einem grundlegenden Werk, das Generationen von Musikern und Fans beeinflusste. Es ist ein zeitloses Album, das auch heute noch in vielen "Best of"-Listen auftaucht und als Meilenstein für den modernen Rock angesehen wird.

## 47. Gründung der Band Scooter

1994: Das Jahr, in dem drei Männer beschlossen, die Tanzflächen zu erobern und die Welt mit "Hyper, Hyper!" zu beschallen. Die Rede ist von der legendären deutschen Techno-Band Scooter. Angeführt von H.P. Baxxter, dem Mann mit der markanten Stimme und dem unverwechselbaren Haarschnitt, zusammen mit seinen musikalischen Komplizen Rick J. Jordan und Ferris Bueller, startete das Trio in eine Ära voller schneller Beats und eingängiger Refrains. Mit ihrem Debütalbum "...And the Beat Goes On!" und Hits wie "Move Your Ass!" zeigten sie der Welt, wie man richtig Party macht. Scooter ist nicht nur eine Band, sondern ein Phänomen.

***Und was sind deine Lieblings-Scooter-Zitate?***
*(mehrfach Nennung möglich)*

☐ *"How much is the fish?"*

☐ *"It's nice to be important, but it's more important to be nice."*

☐ *"The chase is better than the catch."*

☐ *"Respect to the man in the ice cream van!"*

☐ *"Life's like a multiple choice test where the answers are all wrong, and you're gonna have to guess."*

☐ *"I'll take you higher, I'm not a liar."*

☐ *"Here comes the chicks terminator, in control."*

☐ *"I'm the candyman, also known as Dave, Dave from Sheffield."*

## 48. Veröffentlichung des Songs "Mädchen" von Lucielectric

1994 war dieser Song aus keinem Radio wegzudenken: "Mädchen" von Lucilectric. Ein Gute-Laune-Hit, der gleichzeitig mit Klischees spielte und sie auf den Kopf stellte. Der Song war frech und brachte eine Leichtigkeit in die deutsche Musikszene der 90er Jahre, die seinesgleichen suchte. Mit ihrem einprägsamen Refrain und den witzigen Texten gelang es Lucilectric, mit ihrem Hit eine Brücke zwischen Pop und Ironie zu schlagen und dabei ein breites Grinsen auf die Gesichter zu zaubern.

"Mädchen" wurde schnell zu einem Kultklassiker und ist bis heute ein beliebter Ohrwurm, der nicht nur die Stimmung hebt, sondern auch zum Nachdenken anregt über die Rolle von Frauen in der Gesellschaft und wie sie in den Medien dargestellt werden. Das Lied sticht durch seinen humorvollen Umgang mit Geschlechterstereotypen heraus und hat damit einen festen Platz in der Geschichte der deutschen Popmusik erobert. Lucilectric hat mit diesem Song nicht nur kommerziellen Erfolg erzielt, sondern auch thematisch neue Impulse gesetzt.

## 49. 44. Internationale Filmfestspiele in Berlin

1994 war ein besonders glanzvolles Jahr für die Filmwelt, denn die 44. Internationalen Filmfestspiele in Berlin rollten den roten Teppich aus. Stell dir vor: Die Crème de la Crème des internationalen Kinos versammelt sich in der kühlen Berliner Februarluft, umgeben von Blitzlichtgewitter und Filmbegeisterten.

Es war ein Festival der Superlative – Stars und Sternchen, aufstrebende Regisseure und etablierte Filmgrößen, alle kamen zusammen, um die Kunst des Films zu feiern. Der Wettbewerb war hart, die Jury kritisch und die Atmosphäre elektrisierend. Von dramatischen Meisterwerken bis zu experimentellen Kurzfilmen, die Berlinale bot eine Bühne für ein breites Spektrum filmischer Ausdrucksformen.

Die 44. Berlinale war nicht nur ein Treffpunkt für die internationale Filmelite, sondern auch ein Schaufenster für das, was im Kino gerade angesagt war. Es war ein Ort, an dem Trends gesetzt, Karrieren gemacht und manchmal auch gebrochen wurden. Für Filmfans war es ein Fest der Sinne und für die Glücklichen, die einen der begehrten Preise mit nach Hause nehmen konnten, ein unvergesslicher Meilenstein ihrer Karriere. Ein Festival, das zeigte, dass Berlin nicht nur eine geschichtsträchtige Stadt, sondern auch ein pulsierendes Herz der Filmkultur ist.

## 50. Veröffentlichung des Albums "MTV Unplugged in New York" von Nirvana

1994 schufen Nirvana ein musikalisches Meisterwerk, das uns bis heute in den Ohren klingt. Ihr "MTV Unplugged in New York" Album war wie ein intimer Wohnzimmerkonzert mit Kurt Cobain und Co. Die Songs waren so echt und gefühlvoll, dass du fast glaubtest, du wärst selbst dabei. Welches war dein Lieblingslied aus dieser legendären Show? Geh vor den Spiegel, stell dir vor, du hältst eine Akustikgitarre und sing mit!

***Gemacht?***

☐ *Ja (ich bin etwas verrückt)*

☐ *Nein (ich bin doch nicht bekloppt!)*

## 51. Premiere des Films "Speed"

1994 kam ein Film in die Kinos, der die Herzen schneller schlagen ließ und zum Inbegriff des Action-Thrillers wurde – "Speed". Keanu Reeves und Sandra Bullock lieferten eine fesselnde Performance, als sie gegen die Uhr kämpften, während sie in einem Bus gefangen waren, der nicht langsamer als 50 Meilen pro Stunde fahren durfte.

Dieser Hochspannungsfilm, unter der Regie von Jan de Bont, zeichnete sich durch seine ununterbrochene Action und innovative Handlung aus. Die Prämisse des Films, ein Bus voller Passagiere, der explodieren würde, sollte er unter eine bestimmte Geschwindigkeit fallen, hielt das Publikum auf der ganzen Welt am Rande ihres Sitzes. Die Mischung aus cleveren Dialogen, straffer Handlungsführung und herzrasenden Stunts sorgte dafür, dass "Speed" mehr als nur ein typischer Actionfilm wurde. Es war eine Achterbahnfahrt, die Spannung und Unterhaltung perfekt kombinierte und die Zuschauer auch heute noch begeistert.

## 52. Start der Serie "Emergency Room - Die Notaufnahme"

Willkommen in der Notaufnahme des Chicagoer County General Hospital! 1994 begann eine Serie, die unser Herzrasen auf ein neues Level brachte: "Emergency Room - Die Notaufnahme". Wie eine Achterbahnfahrt durch das Leben der Ärzte und Schwestern, fühlten wir uns als Teil des Teams. Die Serie kombinierte medizinische Fachsprache, dramatische Entscheidungen und persönliche Geschichten zu einem packenden Ganzen, das sie sofort zum Hit machte. Jede Episode bot nicht nur Einblicke in die medizinischen Herausforderungen, sondern auch in die persönlichen Kämpfe des Personals, was die Serie besonders realistisch und emotional packend machte.

## 53. Veröffentlichung des Albums "American Recordings" von Johnny Cash

1994 erschien Johnny Cashs legendäres Album "American Recordings", das den "Man in Black" in seiner ganzen musikalischen Intensität präsentierte. Mit seiner unverwechselbaren Bassbariton-Stimme erzählte Cash Geschichten, die tief in der amerikanischen Seele verwurzelt sind. Dieses Album war eine Reise zurück zu den Wurzeln der Country-Musik, gemischt mit Cashs einzigartiger Interpretation von Folk, Blues und Rock'n'Roll. Stell dir vor, du reitest durch die Prärie des Wilden Westens, mit Cashs tiefen, eindringlichen Klängen im Ohr – bist du bereit, deinen inneren Outlaw zu entdecken?

## 54. Erfolg von "The Cranberries" mit dem Album "No Need to Argue"

Die 90er waren definitiv "Zombie"-Zeiten! 1994 rockten "The Cranberries" die Musikszene mit ihrem Album "No Need to Argue". Aber mal ehrlich, wer von uns hat nicht mindestens einmal mitgesungen, als Dolores O'Riordan "Zombie" gesungen hat?

*Welche Cranberries-Songtexte kannst du auswendig?*

## 55. Veröffentlichung von "Dookie" von Green Day

"Do you have the time to listen to me whine?" 1994 hatten Green Day die Zeit, uns mit ihrem Album "Dookie" zu begeistern. Dieses Album hat Generationen von Punkrock-Fans geprägt.

***Die besten Songs von "Dookie", die jeder Green Day-Fan kennen sollte:***

*"Basket Case"*

*"When I Come Around"*

*"Longview"*

*"Welcome to Paradise"*

*"She"*

## 56. "Runaway Train" von Soul Asylum

Das Musikvideo zu "Runaway Train" von Soul Asylum wurde 1994 zu einem unerwarteten Helden im realen Leben. Mit Bildern von vermissten Kindern trug es dazu bei, 25 von ihnen wieder mit ihren Familien zu vereinen. Dieses Video war mehr als nur ein MTV-Hit; es wurde zu einem Fahndungsaufruf, der weltweit Beachtung fand und bewies, dass Musik manchmal tatsächlich die Welt verändern kann. Ein Song, der nicht nur ins Ohr ging, sondern auch Gutes bewirkte!

## 57. Oscarverleihung 1994

Stell dir vor, du sitzt im Kino, Popcorn in der einen, Taschentücher in der anderen Hand, und Steven Spielbergs "Schindlers Liste" gewinnt einen Oscar nach dem anderen. Die Oscars 1994 waren wie eine Achterbahnfahrt der Gefühle – von der schweren Kost von "Schindlers Liste" bis hin zu Tom Hanks' herzzerreißender Darstellung in "Philadelphia". Die Oscars 1994: Ein Abend voller Überraschungen, Tränen und ganz viel Gold!

## 58. Einführung des Spiels "Donkey Kong Country"

Als "Donkey Kong Country" 1994 in die Welt der Videospiele schwingte, revolutionierte es nicht nur das Gaming, sondern etablierte eine ganz neue Bananenrepublik der Unterhaltung. Mit seiner bahnbrechenden Grafik und dem innovativen Gameplay brachte es uns in eine Welt, die so detailliert und lebensecht war, dass viele Spieler glaubten, die Dschungel von Donkey Kong seien echt (zumindest empfand man das in den 90ern so ☺).

Das Spiel war eine technische Meisterleistung für das Super Nintendo Entertainment System (SNES) und setzte neue Standards in der Visualisierung von Videospielen. Die detailreichen Umgebungen, kombiniert mit einem eingängigen Soundtrack, machten "Donkey Kong Country" zu einem sofortigen Klassiker.

## 59. Folgende Stars wurden 1994 geboren

Matthias Ginter (Fußballspieler) - 19. Januar

Luciano (Rapper) - 28. Januar

Harry Styles (Sänger) - 1. Februar

Ava Max (Sängerin) - 16. Februar

Dakota Fanning (Schauspielerin) - 23. Februar

Justin Bieber (Sänger) - 1. März

Ansel Elgort (Schauspieler) - 14. März

Saoirse Ronan (Schauspielerin) - 12. April

Maximilian Arnold (Fußballspieler) – 27. Mai

Timon Krause (Mentalist) - 20. Juni

Felix von der Laden (auch „Dner“, YouTuber) – 25. Juni

Felix Jaehn (DJ, Musikproduzent) - 28. August

Yvonne Pferrer (Schauspielerin) - 30. August

Dagi Bee (YouTuberin) - 21. September

Halsey (Sängerin) - 29. September

Cheyenne Pahde (Schauspielerin) - 4. Oktober

Valentina Pahde (Schauspielerin) - 4. Oktober

Luca Hänni (Sänger, DSDS-Gewinner) - 8. Oktober

Kayef (Rap- und Pop-Musiker) - 20. November

Capital Bra (Rapper) - 23. November

Luisa Hartema (Model) - 26. Dezember

________________________________________ **(dein Name 😉)**

# Technologische Durchbrüche

Willkommen in der Welt der technologischen Wunder und revolutionären Durchbrüche des Jahres ***1994***! In diesem Kapitel werden wir uns in die Ära zurückversetzen, in der die Zukunft Wirklichkeit wurde und Innovationen unser tägliches Leben für immer veränderten.

Die 90er Jahre waren geprägt von einem rasanten Fortschritt in der Technologie, und 1994 war zweifellos ein Höhepunkt dieses digitalen Zeitalters. In diesem Kapitel tauchen wir tief in die technologischen Meilensteine ein, die unsere Welt für immer geprägt haben. Aber hier hört es nicht auf. Wir möchten von dir wissen: "Welche technologischen Erfindungen aus den 90er Jahren haben dein Leben am meisten beeinflusst?" und "Welche futuristischen Ideen aus den 90ern sind heute Realität geworden?" Denn dieses Kapitel ist nicht nur eine Reise in die Vergangenheit, sondern auch ein Blick in die Zukunft.

Bist du bereit, dich von den bahnbrechenden Technologien des Jahres 1994 inspirieren zu lassen? Dann schnall dich an, denn wir werden gemeinsam die erstaunliche Welt der Innovationen erkunden, die unser Leben in den 90er Jahren und darüber hinaus geprägt haben!

## 60. Erfindung des QR-Codes

Ein japanischer Ingenieur namens Masahiro Hara erfand 1994 den QR-Code (**Q**uick **R**esponse Code). Ursprünglich entwickelt für die Kennzeichnung von Bauteilen in der Automobilproduktion, wurde er später für vielfältige Anwendungen genutzt, wie das Scannen von Produkten mit Smartphones.

***Neugierig?***

## 61. Veröffentlichung des IBM Simon - Das erste Smartphone

1994 wurde die Ära der mobilen Kommunikation neu definiert, als der IBM Simon auf den Markt kam. Stell dir vor, ein Gerät, das mehr konnte als nur Anrufe – ein Telefon, das auch ein Faxgerät, ein Pager und ein Computer war. Revolutionär!

***Was war dein erstes Handy?***

## 62. Markteinführung des Netscape Navigator

Stell dir vor, du willst ins Internet – damals noch Neuland. Dann kam Netscape Navigator und wurde zum "Google Maps" des Cyberspace. Es war wie der Sprung von der Schiefertafel zum iPad. Wer brauchte schon Straßenkarten, wenn man durch das World Wide Web surfen konnte?

## 63. Erste Verwendung von CGI in einer Live-Action-Serie

Als "Babylon 5" anfing, CGI in Live-Action zu integrieren, dachten alle: "Sind das Ufos oder fliegende Untertassen?" Diese bahnbrechende Serie zeigte uns, dass man für epische Raumschlachten nicht mehr zwingend Plastikmodelle an Fäden brauchte. Willkommen in der Zukunft des Fernsehens!

## 64. Start der Raumsonde Clementine

"Houston, wir haben eine Clementine!" 1994 wurde die Raumsonde Clementine ins All geschickt, um den Mond zu erkunden. Ihre Mission: so viele Daten und Bilder wie möglich zu sammeln – fast so, als wäre sie eine Touristin im Weltraum. Ihre „Postkarten" aus dem Mondorbit faszinierten die Welt.

Benannt nach dem Lied „Oh My Darling, Clementine", spielte die Sonde eine wichtige Rolle in der Mondforschung. Sie lieferte nicht nur wunderschöne Bilder, sondern auch wertvolle Erkenntnisse über die Oberfläche und mögliche Wasserressourcen. Diese Informationen haben nicht nur Wissenschaftler begeistert, sondern auch Laien weltweit.

In weniger als drei Monaten im Orbit erreichte Clementine viele Erstleistungen, darunter die Erstellung der ersten umfassenden topographischen Karte des Mondes. Diese Ergebnisse legten den Grundstein für zukünftige Missionen und zeigten, wie eine kleine Sonde große Einflüsse auf die Weltraumforschung haben kann.

## 65. Weltweit erste SMS-Abstimmung bei einer TV-Show

1994 wurde das TV-Show-Voting revolutioniert, als zum ersten Mal eine SMS-Abstimmung durchgeführt wurde. Plötzlich hatten die Zuschauer die Macht, und die Fernbedienung wurde zum Instrument der Demokratie. Wählt per Tastendruck – eine kleine Nachricht für den Nutzer, ein großer Sprung für interaktives Fernsehen.

## 66. Erster kommerzieller Kernspintomograph mit offenem Zugang

Stell vor, du kannst in ein Donut-ähnliches Gerät steigen und Bilder deines Inneren bekommen, ohne dich in eine Röhre zwängen zu müssen. Der offene MRT machte genau das möglich – und verhalf Klaustrophobikern weltweit zu einem tiefen Aufatmen.

## 67. Erste kommerzielle Spam-E-Mail

Erinnerst du dich an die Zeit, als euer E-Mail-Postfach nur mit Nachrichten von Freunden und Familie gefüllt war? (Wir auch nicht.) 1994 endete diese Unschuld abrupt mit der ersten kommerziellen Spam-Mail, die in unsere digitalen Leben platzte. Der Beginn einer endlosen Flut von Angeboten für Lotteriegewinnen, die wir nie wollten.

*Wie viele Iphones hast du heute schon ‚gewonnen‘?*

## 68. Digital Versatile Disc (DVD) angekündigt

1994 kündigte sich ein kleines, silbernes Ding namens DVD an und sollte die Art und Weise, wie wir Filme konsumieren, für immer verändern. VHS-Bänder, macht Platz – die Zukunft ist klar, glänzend und passt nicht mehr in den alten Videorekorder.

***Hast du gewusst, dass DVD „Digital Versatile Disc" bedeutet?***

☐ *Nö*

☐ *NÖ (in Großbuchstaben)*

## 69. Entwicklung der ersten hochhellen blauen LED

1994 erleuchteten Ingenieure die Welt, indem sie die erste hochhelle blaue LED entwickelten. Es war der Moment, in dem das Blau im LED-Regenbogen endlich leuchtete, was später zu schillernden Bildschirmen und einer Überflutung von "Blau ist das neue Weiß" in der Beleuchtungsindustrie führte. Wer hätte gedacht, dass ein bisschen Blau so eine helle Idee sein könnte?

## 70. Einführung der Smart Cards in den USA

Smart Cards kamen 1994 in den USA an und es war, als hätte man den Schlüssel zur digitalen Schatztruhe gefunden. Geld abheben, Türen öffnen, Identität bestätigen – diese kleinen Karten waren die neuen Schweizer Taschenmesser des Alltags.

## 71. Einführung der ersten Version von PHP

PHP ist die Sprache, die das Internet zum Laufen bringt – und sie wurde 1994 geboren! Damals war sie noch ein Baby, aber sie wuchs schnell zu einer der wichtigsten Programmiersprachen für Webentwicklung heran. PHP ist wie der Baumeister des Internets. Ohne PHP gäbe es keine Insta-Posts, keine Online-Shopping-Carts und keine süßen Katzenvideos im Internet. Welche coolen Dinge würdest du ohne PHP vermissen?

## 72. Erstflug des Eurofighter Typhoon

1994 hob der Eurofighter Typhoon zum ersten Mal ab und zeigte der Welt, wie man elegant durch die Lüfte gleitet. Dieser Jet war so flink und wendig, dass er fast wie ein Tänzer am Himmel aussah – nur ohne Ballettkleid und Spitzenschuhe. Stell dir vor, du könntest in einem Jet durch die Wolken fliegen. Wohin würdest du als erstes düsen?

## 73. Einführung der ersten Version von SSL (Secure Socket Layer)

SSL ist wie der Bodyguard des Internets. Es sorgt dafür, dass deine sensiblen Daten sicher über das Netz geschickt werden. Als SSL 1994 das erste Mal auftauchte, wurde das Internet zu einem sichereren Ort. Stell dir vor, du könntest deine geheimen Nachrichten senden, ohne Angst zu haben, dass sie jemand abfängt. Welches Geheimnis würdest du teilen?

## 74. Erste GPS-Navigationssysteme für Autos

Stell dir vor, du musst nie wieder an einer Tankstelle nach dem Weg fragen. 1994 wurde das erste GPS-System für Autos eingeführt und verwandelte jeden von uns in einen Entdecker – ohne die Weltmeere befahren zu müssen.

## 75. Markteinführung von DirecTV

1994 revolutionierte DirecTV die Welt des Fernsehens, indem es als einer der ersten Satellitendienste eine Vielzahl von Kanälen direkt in die Wohnzimmer brachte. Stell dir vor, du nimmst die Fernbedienung in die Hand und surft durch hunderte von Kanälen, ohne euer Sofa zu verlassen – eine echte Science-Fiction-Fantasie, die Realität wurde. Mit DirecTV war es vorbei mit den Standardkanälen, willkommen in der Welt des Überflusses an Unterhaltung!

## 76. Einführung des Audi A8

1994 war ein markantes Jahr in der Automobilgeschichte mit der Einführung des Audi A8, einem Fahrzeug, das durch seine Eleganz und fortschrittliche Technologie hervorstach. Dieses Modell war nicht einfach nur eine Limousine; es glich eher einem Maßanzug auf Rädern, konzipiert für jene, die nach Perfektion streben.

Der A8 war die erste Serienlimousine, die eine Aluminiumkarosserie aufwies, eine Innovation, die durch die Audi Space Frame Technologie ermöglicht wurde. Dieser Durchbruch führte zu einem Fahrzeug, das leichter und stabiler war als seine Vorgänger, was nicht nur die Fahrdynamik verbesserte, sondern auch zur Kraftstoffeffizienz beitrug. Zudem war dieser Audi mit dem legendären permanenten Allradantrieb "quattro" ausgestattet, welcher außergewöhnliche Sicherheit und Traktion unter allen Fahrbedingungen bot.

Für diejenigen, die 1994 geboren wurden, teilt euer Geburtsjahr die Ehre mit einem Auto, das für seine Zeit revolutionär war und bis heute als Maßstab für Luxus und technische Exzellenz gilt.

## 77. Erstflug der Antonow An-70

1994 war ein markantes Jahr in der Geschichte der Luftfahrt, als die Antonow An-70 ihren beeindruckenden Erstflug absolvierte. Dieses ukrainische Transportflugzeug wurde schnell für seine enorme Ladekapazität und seine effiziente Leistung bekannt und galt als ein bedeutender Fortschritt in der Luftfahrttechnologie. Die An-70 stach durch ihre innovative Technik und ihr charakteristisches Design hervor und setzte neue Standards in der Welt der Transportflugzeuge.

Entwickelt, um schwere Lasten über große Distanzen zu transportieren, verfügte die An-70 über fortschrittliche Propfan-Triebwerke, die eine verbesserte Kraftstoffeffizienz boten und gleichzeitig die Umweltbelastung minimierten. Ihr Design ermöglichte es, eine breite Palette von Frachtgütern zu befördern, von militärischer Ausrüstung über große Fahrzeuge bis hin zu humanitärer Hilfe, was sie besonders vielseitig machte.

Stell dir vor, du bist am Flughafen und siehst dieses kolossale Flugzeug zum ersten Mal abheben – ein echter "Wow"-Moment der Luftfahrtgeschichte! Die An-70 war nicht nur ein Flugzeug; sie war ein Symbol für technologischen Fortschritt und eine Vision für die Zukunft der Lufttransportindustrie. Ihre Entwicklung und der erfolgreiche Erstflug spiegeln die Ambitionen und das Ingenieurwesen ihrer Zeit wider und bleiben ein leuchtendes Beispiel für Innovation in der Luftfahrt.

# Kuriositäten

Willkommen zum ganz besonderen Kapitel unseres Buches. In diesem Kapitel widmen wir uns den kuriosen und unterhaltsamen Seiten des Jahres ***1994***.

Die 90er Jahre waren eine Zeit voller Überraschungen, und 1994 war da keine Ausnahme. Wir werden uns mit den witzigsten, ungewöhnlichsten und skurrilsten Ereignissen des Jahres befassen. Bist du bereit, in eine Welt voller amüsanter Anekdoten und absurder Geschichten einzutauchen?

Wir möchten von dir wissen: "Welche kuriosen Geschichten aus den 90er Jahren hast du selbst erlebt oder gehört?" und "Welche dieser skurrilen Ereignisse sind dir besonders im Gedächtnis geblieben?" Dieses Kapitel ist eine Hommage an die seltsamen, aber liebenswerten Seiten des Jahres 1994. Es wird dich zum Lachen bringen, dich zum Staunen bringen und dir zeigen, dass selbst in den verrücktesten Momenten eine gewisse Magie steckt.

Bereite dich darauf vor, in eine Welt voller absurder Kuriositäten einzutauchen und zu erfahren, warum 1994 wirklich ein Jahr der Überraschungen war. Mach dich bereit, denn wir werden gemeinsam die skurrile Seite dieses einzigartigen Jahres erkunden!

## 78. Internet Boom

In 1994 erlebte das Internet einen regelrechten Boom. Es war das Jahr, in dem erstmals mehr kommerzielle Nutzer das Internet für sich entdeckten als wissenschaftliche. Eine digitale Revolution begann und die Zahl der Internet-Rechner erreichte beeindruckende **3 Millionen weltweit**! Eine Zeit, in der das Internet für uns alle noch Neuland war.

*Heute nutzen übrigens rund 5 Milliarden Menschen regelmäßig das Internet.*

## 79. Auto des Jahres 1994

Das Jahr 1994 war in der Automobilbranche besonders bemerkenswert, denn der Ford Mondeo wurde zum "Auto des Jahres" in Deutschland gekürt. Dieses Modell setzte neue Maßstäbe in seiner Klasse mit einem frischen Design, fortschrittlicher Technologie und beeindruckender Fahrdynamik. Der Ford Mondeo, als Nachfolger des Ford Sierra, war nicht nur ein Symbol für die Erneuerung der Marke Ford, sondern auch ein Zeichen für den Wandel und Fortschritt in der Automobilindustrie der 90er Jahre. Mit seinem komfortablen Innenraum, der guten Straßenlage und einem fairen Preis-Leistungs-Verhältnis wurde der Mondeo schnell zu einem beliebten Fahrzeug auf deutschen Straßen. Er kombinierte Familienfreundlichkeit mit einem Hauch von Eleganz und Sportlichkeit, was ihn zum idealen Auto für eine breite Käuferschicht machte.

## 80. Gründung der Deutschen Bahn AG

1994 begann die ~~Erfolgs~~-Geschichte der deutschen Bahn AG, welche das Schienennetz in Deutschland für immer veränderte. Eine Erfolgsgeschichte? Nun, zumindest eine Geschichte voller Abenteuer, unerwarteter Wendungen und manchmal auch kurioser Verspätungen. Von superschnellen ICE-Zügen bis hin zu gemütlichen Regionalbahnen, die Deutsche Bahn wurde zu einem Symbol für deutsche Effizienz (*genug Ironie für heute...*) und Mobilität.

***Wie lange war deine längste Bahnverspätung:***

- ☐ *15 min*
- ☐ *30 min*
- ☐ *60 min*
- ☐ *warte immer noch*

## 81. Erstausstrahlung der Power Rangers in Deutschland

1994 landeten die Power Rangers mit einem farbenfrohen Knall im deutschen Fernsehen. Stell dir vor: Fünf Teenager mit außergewöhnlichen Kräften, die in schillernden Anzügen gegen das Böse kämpfen. Die Serie, die aus Japan stammte und für ein westliches Publikum angepasst wurde, bot eine perfekte Mischung aus Kampfkunst, Robotern und einer Prise High-School-Drama. Es war wie eine Achterbahnfahrt der 90er Popkultur – bunt, überdreht und absolut kultig. In jeder Folge retteten sie die Welt und lehrten uns dabei die Bedeutung von Teamarbeit, Mut und Freundschaft.

War es nicht jedes Kindes Traum, seine Lieblingsfarbe zu rufen und sich in einen Power Ranger zu verwandeln? Warst du der coole Rote, der kluge Blaue, die mutige Gelbe, der starke Schwarze oder die herzensgute Pinke? Vielleicht sogar der mysteriöse Grüne?

*Hier eine kleine Gedächtnishilfe für dich:*

*Jason Lee Scott (Rot)* - gespielt von **Austin St. John**

*Kimberly Ann Hart (Pink)* - gespielt von **Amy Jo Johnson**

*Zack Taylor (Schwarz)* - gespielt von **Walter Emanuel Jones**

*Trini Kwan (Gelb)* - gespielt von **Thuy Trang**

*Billy Cranston (Blau)* - gespielt von **David Yost**

*Tommy Oliver (Grün)* - gespielt von **Jason David Frank**

*Google sie und schwelg in Erinnerungen! Wer war dein Favorit? Nimm eine Pose ein, ruf deine Farbe und lass uns ein wenig Nostalgie erleben!*

## 82. Gründung von Limp Bizkit

1994 war das Jahr, in dem die Musikwelt einen neuen, unerwarteten Akteur begrüßte: Limp Bizkit. In Florida zusammengerottet, machte sich diese Nu-Metal-Band daran, die Musikszene mit einem Sound zu erschüttern, der genauso kräftig war wie eine Dose Energy-Drink nach einer durchzechten Nacht. Mit einer Mischung aus Rap, Rock und einer Prise "Wir gegen den Rest der Welt"-Attitüde, waren Limp Bizkit bereit, die Bühnen - und bald auch die Charts - zu erobern. Ihre Musik war wie das musikalische Äquivalent eines wilden Skateboard-Stunts: nicht immer elegant, aber definitiv aufsehenerregend. Ob man sie nun liebte oder nicht ertragen konnte, eines stand fest: 1994 war der Beginn einer Ära, in der Baseballkappen verkehrt herum getragen wurden und Gitarrenriffs die Wände der Teenagerzimmer erschütterten.

## 83. Veröffentlichung von "Die Familie Feuerstein" im Kino

1994 brachte eine steinzeitliche Sensation in die Kinos mit der Veröffentlichung von "Die Familie Feuerstein". Stellt dir vor, die beliebte Cartoon-Serie aus deiner Kindheit wird zum Leben erweckt – mit realen Schauspielern, prähistorischen Haustieren und Autos, die man mit den Füßen antreibt. Diese Realverfilmung war ein Fest für Augen und Lachmuskeln, vollgepackt mit Slapstick-Humor und nostalgischen Anspielungen. Für einen Moment fühlte es sich so an, als würde man selbst in Steintal leben, komplett mit einem Dinosaurier als Haustier und einem Mammut als Dusche. Ein wunderbares Beispiel dafür, wie man eine klassische Zeichentrickserie in ein unterhaltsames, lebendiges Filmerlebnis verwandeln kann.

## 84. Der "Wolf of Wall Street" muss sein Unternehmen verlassen

1994 markierte das Ende einer Ära auf Wall Street, als Jordan Belfort, bekannt als der "Wolf of Wall Street", gezwungen wurde, sein eigenes Unternehmen, Stratton Oakmont, zu verlassen. Belforts rasanter Aufstieg und spektakulärer Fall waren geprägt von exzessivem Reichtum, wilden Partys und fragwürdigen Geschäftspraktiken. Stell dir vor, der Wolf der Wall Street, berühmt für seine extravaganten Lebensstile und spektakulären Geschäftserfolge, stolpert und fällt. Seine Geschichte wurde später zur Inspiration für einen Hollywood-Blockbuster, der die dunkle Seite des amerikanischen Traums beleuchtet.

## 85. Der erste Blog entsteht

1994 betrat die Welt des Internets Neuland mit der Entstehung des ersten Blogs. Stell dir vor, jemand setzt sich hin, tippt seine Gedanken in einen Computer und veröffentlicht sie online – eine revolutionäre Idee in einer Zeit, in der das Internet noch in den Kinderschuhen steckte. Dieser erste Blog war der Anfang eines Trends, der das Teilen von persönlichen Geschichten und Ideen im Internet zu einer globalen Bewegung machte. Damals vielleicht ein kleiner Schritt für einen Blogger, aber ein riesiger Sprung für die Blogosphäre!

## 86. Ausstrahlung der ersten Episode von "Ellen"

Im Jahr 1994 eroberte die Komikerin Ellen DeGeneres das Fernsehen mit der Erstausstrahlung ihrer Sitcom "Ellen". Zu einer Zeit, als Sitcoms noch vornehmlich von Männern dominiert wurden, brachte Ellen mit ihrem trockenen Humor und einem frischen Wind eine willkommene Abwechslung ins Genre. Ihre Serie wurde schnell für die scharfsinnigen Dialoge und Ellens charmant-schrulligen Charakter bekannt, der die Herzen des Publikums im Sturm eroberte.

"Ellen" spielte eine Schlüsselrolle dabei, das Bild von weiblichen Hauptrollen in der Comedy zu erneuern. Ellen's Fähigkeit, alltägliche Situationen mit einer Mischung aus Sarkasmus und Liebenswürdigkeit zu kommentieren, machte die Show nicht nur unterhaltsam, sondern auch wegweisend. Die Serie bot eine Plattform für Themen und Perspektiven, die in anderen Shows dieser Ära oft übergangen wurden, was sie zu einem Pionier für spätere Entwicklungen im Fernsehbereich machte.

Mit jeder Episode von "Ellen" wurde nicht nur das Fundament für viele spätere Comedy-Shows gelegt, sondern auch der Weg für humorvolle Fernsehunterhaltung geebnet. Durch ihren innovativen Ansatz und ihre Fähigkeit, humorvoll gesellschaftskritische Themen anzusprechen, hat Ellen DeGeneres zweifellos die Art und Weise, wie Comedy im Fernsehen wahrgenommen wird, nachhaltig geprägt.

## 87. Entdeckung der Chauvet-Höhle

1994, ein Jahr, in dem die Welt gerade dachte, sie hätte alles gesehen, schockierte Jean-Marie Chauvet die Wissenschaftsgemeinde mit einer Entdeckung, die zeigte, dass wir über unsere steinzeitlichen Vorfahren noch einiges zu lernen hatten. In der stillen, verborgenen Ecke der Ardèche in Südfrankreich stolperte er über die Chauvet-Höhle – ein verstecktes Juwel voller Höhlenmalereien, die so alt waren, dass selbst die Pyramiden dagegen wie moderne Kunstwerke wirken. Über 300 Gemälde, die mit mehr als 30.000 Jahren auf dem Buckel zu den ältesten bekannten Zeugnissen menschlicher Kreativität gehören. Diese Entdeckung war wie der Fund eines alten Familienalbums, das zeigt, dass Ururopa ein ziemlich talentierter Künstler war, der Mammut und Co. in seiner Freizeit auf Felswände malte. Ein echter "Aha-Moment" für die Archäologie, der uns daran erinnert, dass manchmal die größten Schätze in den dunkelsten Höhlen verborgen liegen.

☐ *Wow*

## 88. Einführung des ersten "George Foreman Grills"

1994 war das Jahr, in dem Küchen weltweit revolutioniert wurden, denn George Foreman brachte seine "Lean Mean Grilling Machine" auf den Markt. Stellt dir vor, der berühmte Boxer wird zum Grillmeister und präsentiert einen Kontaktgrill, der behauptet, das Fett aus deinen Burgern zu "schlagen". Es war nicht nur ein Küchengerät, es war ein Phänomen. Millionen von Haushalten erfreuten sich an einfacherem, gesünderem Grillen – und an der Vorstellung, mit jedem gebratenen Hähnchenbrustfilet ein Stück vom Box-Champion zu haben. Grillpartys wurden nie wieder dieselben sein!

## 89. Unwort des Jahres 1994 - "Peanuts"

In Deutschland wurde 1994 der Begriff "Peanuts" zum Unwort des Jahres gekürt. Ursprünglich aus dem Englischen entlehnt, wo "peanuts" umgangssprachlich für eine geringe, unbedeutende Menge steht, geriet das Wort in die Schlagzeilen durch eine Bemerkung des damaligen Vorstandssprechers der Deutschen Bank, Hilmar Kopper. Er bezeichnete die 50 Millionen D-Mark, die Handwerkern durch den Zusammenbruch des Immobilienunternehmens Schneider fehlten, als "Peanuts". Diese Äußerung stieß in der Öffentlichkeit auf Unverständnis und Empörung, da sie als herablassend gegenüber den betroffenen Gläubigern wahrgenommen wurde. Das Unwort des Jahres spiegelt somit nicht nur einen sprachlichen Fehltritt wider, sondern auch die sozialen und wirtschaftlichen Spannungen der Zeit.

*50 Mio. wert*

## 90. Frühstück bei McDonald's in Deutschland

1994 brachte eine kulinarische Revolution in den Morgenstunden: Deutsche McDonald's Filialen begannen mit dem Verkauf von Frühstück. Stell dir vor, die Überraschung der Langschläfer und Nachtschwärmer, als sie entdeckten, dass sie nun auch bei ihrem Lieblings-Fast-Food-Riesen McMuffins und Pancakes statt Pommes und Burger bekommen konnten. Die Einführung des Frühstücksmenüs war ein Gamechanger – plötzlich wurden Termine vor 10 Uhr morgens gar nicht mehr so übel angesehen. McDonald's wurde zum Retter aller, die morgens auf dem Weg zur Arbeit oder nach einer durchzechten Nacht ein schnelles, herzhaftes Frühstück suchten. "Ein Kaffee und ein Egg McMuffin, bitte!" wurde zum neuen Mantra der Morgenmuffel.

***Was magst du lieber? Setze dein Kreuzchen: ---X---------***

***Team McDonald's*** ***Team Burger King***

-------------------------------------------------------------------------------

☐ ***Team keins von beiden*** ☺

## 91. Erstausstrahlung von "Unter uns"

1994 eroberte eine neue Seifenoper die deutschen Bildschirme: "Unter uns". Mit ihrer Erstausstrahlung begann die fesselnde Saga der Bewohner der Schillerallee, die sich schnell zu einem festen Bestandteil des täglichen Fernsehprogramms entwickelte. Die Serie führte die Zuschauer in eine Welt voller Intrigen, Romantik und Alltagsdramen, wo jeder Tag neue Überraschungen bereithielt.

"Unter uns" bot eine vielfältige Mischung aus Charakteren, von der liebevollen Familienmutter über den intriganten Bösewicht bis hin zum charmanten Liebhaber und entwickelte Geschichten, die die Zuschauer sofort in ihren Bann zogen. Diese reiche Palette an Persönlichkeiten und die tiefgründigen, oft überraschenden Handlungsstränge machten die Serie besonders attraktiv und sorgten für anhaltende Spannung und Bindung beim Publikum.

Über die Jahre wurde "Unter uns" nicht nur zu einem langjährigen Erfolg, sondern auch zu einem Sprungbrett für viele Schauspielkarrieren. Viele bekannte Gesichter des deutschen Fernsehens haben in dieser Serie ihre Anfänge gefunden und dank der komplexen Rollen und der professionellen Produktion wertvolle Erfahrungen gesammelt.

Die anhaltende Beliebtheit von "Unter uns" zeigt, wie tief die Serie in das kulturelle Bewusstsein eingedrungen ist und wie sie Generationen von Fans mit ihren packenden Geschichten und charismatischen Charakteren begeistert hat. Taucht ein in die Welt der Schillerallee, wo das Leben niemals stillsteht und jede Wendung euch näher an die Charaktere bindet, die ihr lieben oder lieben lernen werdet.

## 92. Frankfurter Kunstraub von 1994

1994 erlebte Frankfurt am Main einen der spektakulärsten Kunstdiebstähle der Geschichte. In einer Nacht-und-Nebel-Aktion entwendeten Diebe Meisterwerke von unschätzbarem Wert aus der Schirn Kunsthalle. Die Beute? Gemälde, Skulpturen und andere Kunstwerke, die zuvor in der Ausstellung ausgestellt waren. Dieser Raub war nicht nur ein Schlag für das Museum, sondern auch ein Weckruf für Sicherheitsexperten weltweit. Es war ein Verbrechen, das zeigte, dass selbst die wertvollsten Schätze nicht immer sicher sind. Der Kunstraub von 1994 in der Schirn Kunstshalle sorgte weltweit für Schlagzeilen und führte zu einer intensiven Suche nach den gestohlenen Kunstwerken.

## 93. Erster kommerzieller Online-Einkauf

Im Jahr 1994, geschah etwas Revolutionäres – der erste kommerzielle Online-Einkauf. Ja, du hast richtig gehört, jemand kaufte tatsächlich etwas im Internet. Es war ein Pizzahut-Pizza, die online bestellt wurde, und die Welt veränderte sich für immer. Plötzlich musste niemand mehr das Haus verlassen, um Pizza zu bestellen. Die Idee, dass man Dinge mit einem Klick kaufen konnte, war gerade erst geboren worden, und wir alle wissen, wohin das geführt hat. Online-Shopping, Streaming-Dienste, Essenslieferungen – die digitale Shopping-Revolution hatte begonnen.

Jetzt, ein paar Jährchen später, sind Online-Käufe ein fester Bestandteil unseres Alltags. Denk mal zurück: Erinnerst du dich an deinen ersten Online-Kauf? Was war es, und wie hast du dich dabei gefühlt?

***Mein erster Online-Einkauf:***

______________________________

## 94. Erster dokumentierter Kauf eines Produkts über ein Mobiltelefon

Der erste Kauf über ein Handy war nicht nur ein Tauschhandel für die digitale Ära, sondern auch ein Vorläufer für die heutige Welt des Online-Shoppings. Es war der Moment, in dem Technik und Handel sich das Ja-Wort gaben.

***Heute schon etwas per Handy bestellt?***

☐ *ja*

☐ *nein*

☐ *vielleicht* ☺

# Schlusswort

## Ein High-Five zurück zu 1994

Liebe Zeitreisenden, Abenteurer der Nostalgie und Kenner des Jahres, das uns allen am Herzen liegt – ***1994***. Wir sind am Ende unserer gemeinsamen Reise durch ein Jahr angekommen, das mehr Facetten hatte als die Frisur von David Hasselhoff.

1994, das Jahr, in dem wir lernten, dass "Peanuts" nicht immer nur leckere Snacks sind und dass Filme über sprechende Löwen uns zu Tränen rühren können. Es war das Jahr, in dem Michael Schumacher die Formel 1 dominierte, während die Welt gleichzeitig den Atem anhielt, als Brasilien den Fußball-Weltmeistertitel holte.

Ich hoffe, dieses Buch hat euch bestens unterhalten und auch etwas ins Staunen versetzt. Vielleicht habt ihr über einige Fakten gelacht, andere haben dich vielleicht überrascht oder sogar inspiriert alte Fotoalben hervorzukramen und nachzuschauen, was ihr oder eure Lieben eigentlich 1994 gemacht habt.

Als Autor dieses kleinen Zeitdokuments möchte ich mich herzlich bei euch bedanken. Danke, dass ihr euch auf diese Reise zurück in eine Zeit begeben habt, in der Handys so groß wie Ziegelsteine waren und das Internet noch in den Kinderschuhen steckte. Es war mir eine Ehre, euch als echter '94er durch das Labyrinth der Erinnerungen zu führen.

Bevor wir uns verabschieden, lasst uns noch einmal gemeinsam lächeln und denken: "1994, du warst echt das beste Jahr!"

Ich hoffe, du hattest Spaß beim Lesen, hast Neues gelernt und fühlst dich jetzt ein kleines bisschen mehr verbunden mit diesem verrückten, wundervollen Jahr 1994. Lasst uns ein virtuelles High-Five geben – auf die guten alten Zeiten und auf all die Abenteuer, die noch vor uns liegen.

Falls euch diese Zeitreise durch 1994 Spaß gemacht hat, freue ich mich riesig über eure positive Bewertung!

Bleibt neugierig, bleibt begeistert und vor allem: bleibt euch treu!

Mit einem Lächeln zurückblickend

*Max Mayer*

**IMPRESSUM:**

Max Mayer
c/o Block Services
Stuttgarter Str. 106
70736 Fellbach

**1994 - das beste Jahr: 94 unterhaltsame Fakten aus 1994**

**Originale Erstauflage: Januar 2024**



**Druck / Auslieferung: Amazon oder Tochtergesellschaft**

**Independently published**

**ISBN: 9798876513465**

Printed in Poland
by Amazon Fulfillment
Poland Sp. z o.o., Wrocław

41675685R00054